AF582018

mukhtasar mulaqat

ये प्यार बिना इज़हार आवारा है

SARTHAK DUBE

नमस्ते♡

ये है वो, वो
intricate and universal emotion,
अपने हर फॉर्म में–
passionate, tender,
unrequited, and enduring

which through the landscapes of
affection, desire, and connection,
in the beauty and complexity of its depths,
makes us want to live a little longer sometimes

ये है वो.

contents

uns

day 01.

apne jazbaat pe na rakh paya main ikhtiyar
dil ki baatein batane ke liye aur na hua mujhse intezaar
hamari kahani poori duniya ko batani thi
isiliye tujhe apna haal batane ke liyen
sabse kardiya maine izhaar.

day 02.

in love's language, life unfolds its magic like a mesmerizing story, where every chapter is a brushstroke of pure delight but, a little faulty.

day 03.

jab tere chere pe yeh muskurahat aati hai
mera dil machal sa jaata hai
tujhse ankahi baatein keh nahi paata
toh yeh dil tadap sa jaata hai
har nayi subah ka intezaar karta hoon main

uth te he sabse phele na jaane kyu
tera he naam yaad karta hoon main.

day 04.

like a puzzle piece found in hearts, connecting the bond that love imparts.

day 05.

kaash woh mujhe sambhal ke rakhle apne khayalon mein
rakhle sameth ke apni baahon mein
mera haath pakad le uss bure waqt mein
taaki wahi ho meri saathi humesha, in he lamhon mein.

day 06.

i don't know if it is love, but it feels like a gentle dove, soaring in the skies above, reaching for heights with tears unloved, as no one came close for years, unbidden and uncheered.

day 07.

teri jazbaat bhari yaadon ko lafzon mein bayan karne laga hoon
teri aankhon ko yaad karke uski tasveer banane laga hoon
main kuch khaas toh nahi
bas apni kahani ko shayari mein likhne laga hoon.

day 08.

i knew it was you because you felt soft, just like whispers of a breeze, gentle and aloft
in the silence of the dark, where we both belong,
you were the star that i now wish to keep lifelong.

day 09.

bas mein ho toh yeh mausam ko yahi rok du
tere kareeb aake tere haath mein apna haath rakh du
tum meri ho jao yeh guzarish hai
kaash, yeh pal
apne dil mein humesha ke liye teri yaadon ke saath qaid kardu.

day 10.

i wish time would have made me meet you earlier
so that they could have a tale much dearer
but destiny loves it's way, so cherish the day for in your presence everything's okay.

day 11.

baate karni ho toh aankhon se bhi hojati hai
saath rehna ho toh kurbaani bhi choti lagti hai

tum apna haath toh do, kyunki,
waha saare ashq bhi haar jaate hai
jaha muskurahat ki zidd hojati hai.

day 12.

let me tell you a secret, sweet and true
my love finds its home in you
a feeling so full, it's all my heart ever knew.

day 13.

uski meri pehli mulaaqaat thi
woh muskurate huye apne baal sambhal rahi thi

aur main, khud ko.

day 14.

when i first met you under thousands of stars
it all felt like fate weaving a tale without bars
your eyes hid the secret of a universe's whisper in every gaze
connecting our souls with endless grace.

day 15.

jo dil se acche lagte hai, woh aksar humse dhur rehte hai

woh door rehke bhi, iss dil ko bade acche lagte hai

day 16.

distance can't diminish the love we hold
in every memory our story is told, young and old

day 17.

tum kabhi kabhi yun kar liya karo
choddo meri shayari
mera dil padh liya karo

day 18.

trace the lines of love, painted bright
amidst the shadows of sorrow, in the night
the rhythm of your passion, softly spoken
a bond, forever unbroken.

day 19.

uske hazaaron chahane waalon mein hum bhi hai
uski muskurahat ke deewane toh hum bhi hai
ishq toh bepanah hai mujhe usse

par kya kabhi sitaron ki chaand se mohabbat poori huyi hai?
par kya kabhi deewano ki hasrate poori huyi hai?

day 20.

we will be able to complete this love,
can this be our promise?
or accept my vow to never miss me being at your service,
in the story of us, forever to unfold, this love will never get old.

ehsaas

day 21.

iss qadar hum tere hone lage hai
ki har dua mein teri hi guzaarish karne lage hai

na jane kab, ye meri ek tarfa mahobbat
tere dil mein tabdeel hogi
darr lagta hai ki kahi khuda ne humari kahaani saath likhi bhi hogi?

day 22.

your presence lingers like a fragrant, blooming flower,
in every moment, in every place, at any hour
i think it's love
in your smile, i've found my heart's desire
oh darling, will you be my forever?

day 23.

iss berang zindagi mein tere ishq se rangna chahta hoon
dukhbhari dastaan mein teri muskurahat ke liye roz uthna chahta hoon
jeete toh sab hai,
jaana,
tere ishq mein, main marna chahta hoon.

day 24.

if it's you, it's joy
a happiness that no one can ever destroy

day 25.

teri chahat pe thoda sa haq mera bhi hai
tere iss safar mein thoda sa saath mera bhi hai
tujhe samjahu toh kaise samjhau, ki teri har khushi ke pal mein,
thoda sa haath mera bhi hai.

day 26.

hold my hand, let the moon be jealous
as we stroll through the night, with our power to weave constellations
with each step we take, a star is born, a love story to tell,
in the boundless night sky, our romance forever dwells.

day 27.

iss bhaag daud bhaari zindagi mein thairaav ho tum
iss nafrat bhari mehfil mein mera pyaar ho tum
tujhe jab se jaana hai, tab se jeena shuru kiya hai
iss dard bhari dastaan mein mera sukoon ho tum.

day 28.

i felt it all at once,
an overwhelming wave of love, leaving no chance
in that single moment, my heart took its stance
for in your presence, i found my sweetest romance.

day 29.

apne dukh ke saare pal meri khushiyon mein bitaade
aapne hilte huye haathon ko mere haathon se milaade
meri muskurahat apni bana le, aye haseen,
meri dua qubool karke apne khoobsoorat chehre se inn ashqo ko hatade.

day 30.

if you could see inside my heart, you'd know love's endless art, for in the depths of my heart, you hold the central part.

day 31.

teri kahi baaton mein aaj kal khone laga hoon
teri muskurahat roz dekhne ke liye thoda zyada jeene laga hoon
kya isse he mohabbat kehte hai?
kyunki har din mein kuch zyada he tera hone laga hoon.

day 32.

where feelings swirl and never depart
i set my soul free to dance with the echoes
whirlwind of emotions, and you play the lead role
in your presence, my heart finds its ultimate goal
even when
distance tries to impose its toll, your love remains the anchor for my soul.

day 33.

yuh jab tum mujhe dekh kar muskurati ho na,
yuh jab meri baaton ko tum pyaar se sunti ho na,
yuh jab tum mujhe pyaar se bulati ho na,
accha lagta hai.

day 34.

my happiness is you.
in your smile, in the warmth of your presence, i've found a love that makes my heart debut.

day 35.

uski har ek muskurahat pe main apna dil haar jau
uski har ek baat pe uski aankhon mein kho jau
har ek baat uski acchi lagne lagi hai
bas ab dua toh yahi hai,
tu meri aur main tera ho jau.

day 36.

we are all flowers, in this garden of existence, where love empowers and hate devours.

day 37.

apne dil ke raaz aaj mujhse kehdo
apne ashqo ko mere naam kardo
apne ghamo ko meri muskurahat se bhar do
manzil toh maut hai, bas,
iss safar mein tum mera saath de do.

day 38.

i am not afraid of the pain, i will rise above in love's gentle rain.

day 39.

inayat se bhara pal tha jab tumse mulaqat huyi thi
ishq ki leher thi hawa mein jab aankhen mili thi
milke bhi door nahi hai woh
mere dil mein ab woh rehene hai lagi.

day 40.

in your eyes, i find a mirror, reflecting my own truth,
a connection of love and only love that defies our limited youth.

fitoor

day 41.

teri yeh bholi si muskurahat
teri yeh gheri pyaari aankhen
teri har ek khoobsoorat adaa
mere dil mein ek chhaap se chhor gayi hai
ab yeh raatein tanhai mein nahi pyaar mein guzarti hai
ab yeh ashq dukh mein nahi khushi mein behte hai
kuch toh raabta hai tere mere beech
kyunki,
ab yeh dil ki har ek dhadkan nafrat mein nahi tere ishq mein dhadakti hai.

day 42.

tell me you've noticed me, in this crowded space
where strangers pass by, lost in their own chase
a simple glance,
would be enough to make my heart dance
oh darling, please give me a chance.

day 43.

dil sambhal nahi paata jab uski aawaz sunne mein aajati hai
mohabbat bayan nahi ho paati jab uski baatein yaad aajati hai
jannat bhi feeki si hojaati hai
jab uski muskurahat aankhon ke saamne aajati hai.

day 44.

when time slips away and memories fade will you still insist to dance with me, unswayed?
i promise, through life's twists and turns, hand in hand we'll sway,
always together, come what may.

day 45.

teri khushi ko humesha paas rakhne ki zaroorat si lag gayi hai
tujhe rota dekhne ke baad har roz teri fikar si lag gayi hai
tere bina din adhoora sa lagta hai
tujhse na baat karke aaj laga ki teri adaat si lag gayi hai.

day 46.

with hope in my eyes, i search for a sign
i crave your attention, for my heart feels so smitten
in this vast world, i'm lost and alone
but your love, guides me back home.

day 47.

usse dekh ke dil tham sa jaata hai
uski awaaz sunke apni hadd se guzara jaata hai
uska pagalpan dekh ke ashqo ko bhi muskurana aajata hai
uski aankhon mein dekh ke rooh ko sukoon aajata hai
roz usse dekh ek baar phir,
ishq ho jaata hai.

day 48.

i've got a little habit of your smile, tucked away in my heart like a cherished secret, oh darling, i hold onto it in the darkest of days, it acts like a light that guides my way.

day 49.

tumhari aankhon mein baat karte waqt
jab yuh woh massomiyat aati hai
chalte chalte jab yuh nazre uthati ho na,
yeh mera dil sambhal nahi pata.

day 50.

even when time slips away, and memories blur
know that my heart's devotion will forever endure
in every step we take, side by side we'll be,
forever entwined.

day 51.

inke saayen mein he bitau zindagi main meri
inhi nazron mein saari kainaat hai meri
inme basti hai dil ki dhadakne meri
woh hain sirf aankhen teri, sirf aankhen teri.

day 52.

my darling, allow me to take care of you, i long to stay, to chase your fears and worries far away.

day 53.

kya karoon iss dil ka yeh toh tujhpe kurbaan hai
kya karoon iss dil ka yeh toh tujhpe kurbaan hai
maangle tu jo jaan meri, aaj se woh bhi tere naam hai.

day 54.

it's like our journey has only begun,
hand in hand we walk beneath the setting sun
for together, we'll find our way, and the world will be overcome.

day 55.

ek ajeeb si hulchal hai tere bina
ek ajeeb sa ehsaas hai tere bina
tere bina reh toh leta hoon jaana
lekin tere bina raha nahi jaata.

day 56.

let me be the one to wipe your tears, and hold you close to calm your deepest fears
i'll cherish every moment, old and new, for, my love, i want to take care of you.

day 57.

ishq ki lakeere patharon mein tabdeel hojati hai
jab naam gumnaam rakh, mohabbatein ki hadde paar hojati hai.

day 58.

i just want to say, let me be near you, don't let me go
in your arms, love flows, please hold me close, let our love grow
together, we'll promise, as one we'll embark.

day 59.

uski kahani mein mujhe uski jaan karde
humare Ishq ka ailan sar-e-aam karde
dil ki dhadkanon mein bhi ussi ka zikr sunayi deta hai
ab meri kahani mein meri jaan uske naam karde.

day 60.

i want to become a chapter in your story, a character written in the book of your life, of love, i want you give you a legacy of love that transcends the pages of time, i just want you and your time.

Afsaana-e-haqiqat

day 61.

tujhse kahi thi jo baatein kuch ankahi
tere vaadon ke sahare main hoon aaj bhi wahi
teri baahon mein beete har ek din,
bewafa kya tujhe woh bhi yaad nahi?

day 62.

a kind of feeling where patience intertwines
and the heart defines
love weaves a story of joy and tears combined, emotions forever entwined.

day 63.

ghutno pe girke tujhse izhaar kiya tha
teri muskurahat dekh tere jawaab ka intezaar kiya tha
sab bhula ke apne dil ko ikhtiyar kiya tha
har baat teri yaad hai,
tu har jaga dikhe kuch aisa pyaar maine tujhse har baar kiya tha.

day 64.

i miss being with you, in those moments where time stood still, and our laughter painted the world in hues of joy and bliss.

day 65.

woh ishq kya jisme dil ghayal na ho
woh judaai kaisi jisme rooh qaid na ho
hazaron koshish ki tujhe aapne paas rakhne ki,
lekin,
woh bewafai kaisi jisme ek tarfa mohabbat na ho.

day 66.

i can't believe that now i'm away, the echoes of our memories make me regret not holding you closer, and the distance feels like a void that only your presence can fill.

day 67.

tere zulfon mein lipte mere haath nahi bhoola hoon main
tere labbo ke upar woh chota sa til yaad hai mujhe
teri justajoo aaj bhi mujhe sone nahi deti
teri badan ki khushboo se meri rooh ki hasrat nahi bhoola hoon main.

day 68.

is it wrong to remember each detail of you, every moment we once knew? for in those memories, i find truth, a love that still lingers, eternal and unwavering, like youth.

day 69.

thodhi mohabbat toh usne bhi ki hogi mujhse
thodhi parwa toh usne bhi ki hogi meri
thodha intezaar toh usne bhi kiya hoga mera, bhala,
ishq mein, koi yuhi thodi itna waqt barbaad karta hai.

day 70.

how can i fight with my fate, when it's written in the stars, and time won't wait? perhaps i'll love to embrace what's meant to be, and find strength in the journey, even when i can't see, will you join me?

day 71.

haqeeqat toh yeh hai ki tu kabhi meri qismat mein likhi he nahi thi
main khud se toh ladd sakta hoon
khud se hazaron jhoot bol sakta hoon, lekin,
apni qismat se ladd nahi sakta hoon.

day 72.

what about that fire in our souls, that once made us feel whole? though time has passed, and our love has grown old, i believe that the story of our love will forever remain a goal for the ones in love with their soul.

day 73.

teri yaadein chubne lagi hai
teri kahi baatien dil se utar ne lagi hai
tu ab aise baat karti hai, jaise, koi ehsaan karne lagi hai.

day 74.

searching for love in a world which now looks so wide,
with open arms, i'll embrace the tide
in the depths of my heart where you once belonged,
i request our souls to not collide.

day 75.

tanhai ke badal ab kuch yuh baraste hai,
yaadon ki baarish kar jaate hai, aur unka zikr bhi nahi hota.

day 76.

i still think about you, but in pain
each thought of your smile, i can’t now explain
the thorn in my heart might heal with time
though we're now worlds apart, which feels like a crime.

day 77.

nafrat hume bhi hai bas hume usse dikhate nahi
zikr humara tumhare har pal mein hai bas hum usse jatate nahi, jaana,
dard humare dil mein bhi hai bas hum usse batate nahi.

day 78.

now you only come in my dreams,
your presence there is bittersweet yet a relief.

day 79.

kal raat woh phir mere khaab mein aayi
laga jaise phirse barbaad karna chahti hai
maine usse dekh yeh bola,
dil toh tabah kar he chuki hai, ab kya meri jaan hai lene aayi?

day 80.

it took me time to understand you, because all i did was love you, it's true but as the days passed, i began to see, the complexities of your heart, so beautifully.

day 81.

woh bewafai karke kisi aur se dil laga ke chali gayi
main uska naam gumnaam rakh apni kahani mein likhta chala gaya.

sifar

day 82.

usse dekhe aaj ek arsa hua
yaad karke uski muskurahat dukhi mera yeh dil hua
kuch kami nahi thi mere jazbaaton mein, aakhir,
mera mukamal ishq bhi ek tarfa hua.

day 83.

the moon is drunk, i deserve a better goodbye
its silver glow wanes, as tears fill the sky
in the starlit night, i'll seek a new start
where farewells are gentle and mend a broken heart.

day 84.

baarishon mein uski yaad aajati hai
humari adhuri kahani ki jhalak aankhon ke saamne aajati hai
jab chere pe baarish ki cheethe girti hai
mere haathon mein uske haath ki sirf yaadein reh jaati hai.

day 85.

you broke me, leaving me behind with all this pain
but i'll gather the pieces and learn to love again
in the ruins of my heart, i'll find strength to mend for, in healing, i'll
discover a love that will never end, once again.

day 86.

teri har galti ko undekha karke mohabbat ki thi tujhse
tere har ek naapakh iraado se wafa karke mohabbat ki thi tujhse
tune meri acchai mein sirf buraiyan dhoondne ki koshish ki
maine teri har ek burai ko apne dil se nikaalke mohabbat ki thi tujhse.

day 87.

i sometimes miss you,
but pain makes it hard to relive the moments we cherished
yet sometimes deep in my heart, your memory still glows
a bittersweet reminder of love that once flowed

day 88.

dil ko tujhe bhulaye aaj ek arsa hua
teri woh kahi baaton se,
apni rooh ko azaad karke dukhi sa mera mann hua
aisi koi jagah nahi jo tere saath na dekhi ho, lekin,
tere saath gayi un jagahu gaye ek zamana sa hua.

day 89.

i did not think that there would be a day
when i'd have to think before thinking about you
the memories and feelings, they still linger and stay
but now must consider what's best to do,
i won't lie thou, i still miss you, will always do.

day 90.

har raat teri yaadon ki baarish aati hai
tere hone ki khushboo saath laati hai
guzaarish toh ab sirf itni hai ki mujhpe yeh chhite na gire, kyunki,
jaate jaate bewafa, teri yaad dila jaati hai.

day 91.

it's not easy to not think about you
in those paths that we used to walk through
with every corner and every view
the memories of your untrue love is what i still hold true.

day 92.

aakhir yeh dil bhi haar gaya
tumhare intezaar mein apni ummeeden bhi haar gaya
inayat bhare khwaabon ki saari khushiyan bhi haar gaya
ek he pal mein saari yaadein haar gaya
aakhir yeh dil bhi haar gaya.

day 93.

what about now, are you happy being apart?
or do you, like me, feel a longing in your heart?
the distance between us has torn us dear, but i wonder, do you still hear
our love's thunder?

day 94.

iss qadar beqadar huye hum
ke har ek pal teri nazar mein zaleel huye hum
iss tarah bewafa huye hum
ki har ek pal teri yaad mein tabah huye hum.

day 95.

though your absence cuts deep like a knife, i'll heal and rebuild a new life.

day 96.

aaj phir kya likhoon main teri yaad mein
kuch kami thi kya mere pyaar mein?
kuch galti thi kya mere jazbaat mein?
nahi raha jaata ab tere intezaar mein
aaj phir kya likhoon main teri yaad mein.

day 97.

building it without you is a challenge for in the absence of your love, i'll find my own space
each brick, each tear, and every dawn's view, will now never be about you,
i'll create a new world, both different and true.

day 98.

dil mein kabhi ab dastak mat dena,
tumhare bina jeena seekh liya hai maine.

day 99.

Goodbye, my love, i'll cherish every part
in the tapestry of memories, you'll forever be, a chapter of my life, a love so sweet which is now free.

day 100.

ab teri yaadein mujhe dukhti nahi
ab teri mohabbat mere dil mein chubhti nahi
tere bina he khush hoon main, kyunki, ab tere liye yeh nafrat rukti nahi.

day 101.

this journey was only till here, but not my end
new paths await, across each bend.
the future's unknown, but with each step we take, let's see who's story is sown.

day 102.

aaj uski yaadon ki sheeshi tod di
jhoothe vaadon ki kitaab ko aag hai laga di
dil phirse hasna seekh gaya
jabse uski parwah karni chhod di.

with gratitude, i bid adieu
after these 102 days

of a story brimming with love
where you might discover your home, and i, in time, may reunite with mine.

-thankyou
mukhtasar mulaqat

Sarthak Dube, born and brought up in Delhi, has traversed the diverse chapters of his life, skillfully expressing his deep poetic sentiments.
His affection for poetry, kindled by his mother during his early years, has been a constant thread connecting with countless hearts and souls.
Alongside pursuing a career in the legal profession, Sarthak's remarkable talent in articulating his innermost thoughts and emotions has yielded an impressive body of work.
He has not only produced nine songs under the "Qaafir Music" label but has also penned over 400 poems.

His unwavering passion, love, and proficiency in the realms of poetry and music persist, and now, he aspires to share a piece of himself and his artistry through this book.

-about the author

join Sarthak Dube on:

sarthak.dube

sarthakdube@gmail.com

www.ingramcontent.com/pod-product-compliance
Lightning Source LLC
LaVergne TN
LVHW041111150826
845673LV00007B/2012

* 9 7 9 8 8 9 1 8 6 0 9 9 5 *